LES

MYSTÈRES

POLITIQUES

RÉVÉLÉS

LONDRES
LIBRAIRIE ET AGENCE DE L'IMPRIMERIE UNIVERSELLE

1862

LES

MYSTÈRES

POLITIQUES

RÉVÉLÉS

LONDRES
LIBRAIRIE ET AGENCE DE L'IMPRIMERIE UNIVERSELLE

1862

AU LECTEUR

Ces pages n'ont pas besoin de préface. — Lisez, comparez, réfléchissez et vous serez convaincu que ces MYSTÈRES sont des VÉRITÉS.

MYSTÈRES POLITIQUES

I

L'officier Kelche, en 1852. — Assassinat par ordre.... — Morelli blessé. — Récompenses données par Napoléon, Piétri, de Maupas, à l'agent Zambo.

Nous allons offrir à nos lecteurs le récit véridique d'un de ces faits tragiques et lugubres, qui rappelle les exécutions sinistres que dictait, dit-on, le Conseil des Dix à Venise.

La scène se passe à Paris, en 1852. Bonaparte venait d'usurper la couronne impériale. M. Drouyn de Lhuys, alors ministre des affaires étrangères, reçut de l'ambassadeur français à Londres, M. le comte Walewski, une dépêche télégraphique qui portait en substance qu'un officier au 48me de ligne, nommé *Kelche*, réfugié, *était parti de Londres pour venir assassiner Napoléon III à Pa-*

ris (1). Napoléon mande auprès de lui le préfet de police, M. Piétri, aujourd'hui sénateur, qui confia, avec des instructions données par l'empereur des Français, à un nommé Zambo, le soin de veiller tout particulièrement sur les faits et gestes de Kelche, suspect d'attentat.

Zambo, exécuteur des ordres de M. Piétri, ne perdit pas de vue les démarches de Kelche pendant 11 jours et 11 nuits.

Le 14 janvier 1852, Zambo fut appelé chez M. Balestrino, chef de la police municipale de Paris. Sur 40 agents que M. Balestrino mit à la disposition de Zambo, ce dernier n'en voulut prendre que deux, — les nommés Letourneur et Hébert. M. Pietri donna l'ordre formel, au nom de l'empereur des Français, de saisir mort ou vif le lieutenant Kelche. Sachant que Kelche devait se trouver ce jour-là rue de Tracy, à Vaugirard, chez les sieur et dame Desmares, marchands de vin, Zambo et ses deux acolytes s'y rendirent de leur côté, à six heures du matin. L'ex-officier y arriva à neuf heures avec un Italien nommé Morelli. Zambo se précipita immédiatement sur Kelche, qui opposa une certaine résistance, et alors Zambo lui fracassa la tête d'un coup de pistolet. Dans la lutte, l'Italien Morelli eut le bras cassé.

Le lendemain de ce tragique événement, le *Moniteur*, en racontant le fait, disait que des agents de police de sûreté, voulant procéder à l'arrestation d'un individu sur lequel planaient de graves soupçons, ce dernier avait fait résistance et blessé un de ces agents qui, — pour se défendre, — avait dû repousser la force par la force, et que Kel-

(1) Kelche, ex-professeur à l'école militaire de Saumur, jeta ses épaulettes sur les barricades au 2 décembre 1851. Arrêté et déporté à Lambessa, il s'évada et parvint en Angleterre, où il se mit à la solde de Ledru-Rollin et de Mazzini (d'après les pièces du procès d'Orsini).

che avait été *blessé*. Ce n'est pas blessé, il faut lire : *assassiné!*

L'empereur Napoléon III donna 10,000 fr. à Zambo. 500 francs lui furent alloués par M. Maupas, ministre de la police générale, et 1,000 francs par le préfet de police, M. Piétri. La fille de Zambo, par ordre de l'impératrice, fut placée dans un couvent pour y être élevée, jusqu'à ce qu'elle eût atteint l'âge de 18 ans.

Aujourd'hui, par un de ces revirements de fortune politique, Napoléon III, pour se débarrasser probablement de ce lourd fardeau qu'on appelle *la reconnaissance*, a éloigné de France Zambo *auquel il doit la vie*; il le laisse malheureux sur la terre étrangère, tandis que les juges qui ont *condamné à mort* Napoléon III, reçoivent par son ordre croix et honneurs et une solde de 20,000 francs d'appointements.

Telle est la moralité du gouvernement impérial, digne en tous points de la moralité du chef de l'Etat. — Plus que jamais c'est le cas de dire : « *Tel maître, tels valets.* »

II

Le docteur Conneau. — Epée d'honneur au lieu d'une lancette d'honneur. — Trafic des places. — Souscription improvisée. — Le docteur au comble de la joie.

Le docteur Conneau, on le sait, — est premier médecin de l'empereur Napoléon, — député au corps législatif, directeur *des secours du gouvernement impérial*, et, qui plus est, décoré des ordres de presque toutes les puissances de l'Europe. Voyant que les héros de la guerre de

Crimée recevaient des *épées d'honneur*, il lui prit fantaisie de se gratifier d'une arme de ce genre. — Voici comment notre docteur s'y prit : Il fait venir à Paris son neveu, M. Colombaire, percepteur de canton en Corse, et il lui dit : « Je veux que vous donniez de suite votre démission « de membre du conseil général de la Corse. Vous vous « arrangerez pour que je sois nommé à votre lieu et place. « Le jour même des élections, vous ouvrirez une sous- « cription pour que l'on me vote une *épée d'honneur*. « Voici l'argent *pour l'acheter*. »

Un mois après, le *Moniteur* annonçait à toute la France que le docteur Conneau était nommé *membre du Conseil général de la Corse*, à l'unanimité, en remplacement de son neveu, M. Colombaire, démissionnaire, et que les électeurs de La Porta, dans un élan d'enthousiasme patriotique pour le médecin de leur empereur (on sait que tous les Corses se *disent être parents*, plus ou moins proches, des Bonaparte), lui avaient, par acclamations unanimes, décerné une *épée d'honneur*.

Dans la même feuille on voyait également figurer M. Colombaire, nommé receveur d'arrondissement, et Dieu sait quelle est sa capacité (1) !

Heureux docteur ! qui, épris d'une fièvre belliqueuse, a voulu mêler agréablement la feuille de laurier réservée aux enfants de la victoire avec la verveine et la sauge ! O digne fils d'Esculape, que ne viviez vous du temps du grand Molière, il ne vous eût pas oublié dans son *Malade imaginaire*, et que vous eussiez bien figuré à côté de Diafoirus et de l'estimable M. Purgon !

(1) Il est bon de faire savoir à nos lecteurs que, pendant que M. Colombaire recevait sa nomination de receveur d'arrondissement, il était mis en état d'arrestation pour dettes, et conduit à la prison de Corte.

III

Sinibaldi et l'agent Zambo.—Assassinat par ordre.

Horresco referens !

Dans le courant du mois de mai 1854, l'agent Zambo fut mandé, à minuit, au ministère de l'intérieur. Introduit dans le cabinet du ministre, il y trouve M. Piétri, préfet de police. — « Vous allez de suite partir pour Calais, lui « dirent ces deux messieurs. Voici l'ordre de prendre une « *locomotive;* voici de l'argent. *Avez-vous des armes?* « Vous vous rendrez, à votre arrivée à Calais, auprès de « M. le préfet du Pas-de-Calais, Victor Duhamel, qui vous « dira ce que vous avez à faire. » M. Duhamel était venu exprès à Calais.

Zambo partit de suite, M. Victor Duhamel le conduisit sur la jetée de Calais, et lui désigna un homme qui débarquait de Londres. C'était l'Italien Sinibaldi, natif des Romagnes. Zambo l'accosta, l'accompagna dans la ville de Calais, puis au chemin de fer jusqu'à Paris, et de Paris jusqu'à Bordeaux. Là, *par suite d'ordres supérieurs, Zambo poignarda Sinibaldi et jeta son cadavre dans la Garonne!!.*

Nous *certifions* le fait vrai, de même que l'*assassinat de Kelche,* à la barrière de Vaugirard.

Nous attendons le démenti; mais on n'osera pas parler. Que le sang versé retombe sur la tête de l'ordonnateur de tels forfaits!!!

IV

Le comte Bacciochi arrêté pour dettes à Paris. — Il trompe un pauvre vigneron de la Corse, séduit une fille, fait de son fils naturel son factotum, son secrétaire. — Il devient chambellan, directeur, intendant des théâtres, etc. — 500,000 fr. gagnés à la Bourse. — Tripotages. — Les livres du banquier Mirès.

La fortune des personnes qui entourent Napoléon III, est souvent des plus étranges, et il est à remarquer que, pour la plupart, ils étaient, sinon dans une misère réelle, du moins bel et bien criblés de dettes et réduits à recourir aux expédients. Le coup d'Etat du 2 décembre les a sauvés du naufrage, et les 1,200 millions de déficit, avoués et reconnus par M. Fould dernièrement, ont été, en majeure partie, distribués à tous ces individus besogneux, — instruments complaisants de leur maître et seigneur. Ainsi était M. le comte Bacciochi, aujourd'hui premier chambellan de Napoléon.

En 1848, M. Bacciochi était logé et nourri chez un nommé Catoni, vigneron à Bastia (Corse). Il avait dû quitter la ville d'Ajaccio, à cause des grandes dettes qu'il y avait contractées. Un parent de Catoni, Carbuccia, lui prêta 200 francs pour qu'il pût faire le voyage de Paris en 1849. Son premier soin fut de s'installer à l'Elysée en qualité *d'introducteur de son soi-disant cousin*, Louis-Napoléon Bonaparte. Malgré cette position, Bacciochi fut arrêté un jour au bois de Boulogne, par les gardes du commerce, à l'occasion d'un billet de 1,700 fr. qu'il avait souscrit à Mlle Esler, rue de Clichy, 48, pour des dentelles qu'il lui devait. Pour se tirer de ce mauvais pas, il se fit conduire au palais de Saint-Cloud, où l'on paya les 1,700 fr.

Lorsque le 2 décembre éclata, le comte Bacciochi fut nommé chambellan de l'empereur, et, comme l'on ne se gênait pas de puiser à pleines mains dans les coffres de l'État l'argent nécessaire à enrichir les *malheureux de l'Elysée*, il eut sa large part. Il avait emmené avec lui de la Corse un jeune enfant nommé Bertora; — c'était son *fils naturel*, qu'il avait eu de la servante de Catoni, vigneron, son bienfaiteur. — Il l'avait séduite... De ce fils il en fit son factotum, alors qu'il était à l'Elysée. — Au 2 décembre il en fit son secrétaire, et le fit décorer de la croix de la Légion d'honneur, ainsi que Catoni le vigneron.

Aujourd'hui, le comte Bacciochi, décoré de plusieurs ordres, a gagné une fortune de près de 5 millions, grâce aux actions de Péreire, de Mirès (1), et surtout grâce aux tripotages de Bourse qu'il a faits en se faisant donner des *pots de vin* par les intéressés, au nom desquels il a su arracher de *son cousin* des décrets de concession. Nous citerons :

(1) Sur les livres duquel on l'a trouvé noté comme ayant reçu 1 million.

Les Docks Napoléon ; — Les eaux de Vichy ; — Les omnibus (fusion des compagnies en une seule) ; — Les ports de Marseille ; — Le chantier d'Ajaccio, donné *sans soumission cachetée*, à M. Armand de...

Sachant à peine lire, d'un esprit fort épais, le comte Bacciochi est une nullité réelle. On en a fait un *directeur, intendant des théâtres, bals*, et chargé de la *chapelle des Tuileries*. Expert dans ses connaissances du beau sexe, —c'est à ce titre que la direction des théâtres et des fêtes de la cour impériale lui a été confiée.

Comme on le voit, les personnages qui accompagnent l'empereur, — sont d'un singulier choix et de mœurs plus que *décolletées*. Le Bas-Empire romain nous montre Caligula faisant de son cocher, *Zoticus, son familier intime ;* le moderne Empereur des Français prend ses modèles à la même source. Heureuse France !

V

Réfugié de Londres empoisonné à la préfecture de Paris. — Le général Fleury et M. Piétri.

Dans le courant de l'année 1851, le général Fleury, aide de camp de l'empereur Napoléon, arrive tout effaré dans le cabinet de M. Piétri, préfet de police, en disant :

Monsieur le préfet, Sa Majesté vous demande immédiatement. » L'agent Zambo était présent. — M. Piétri répondit : « Diable! diable! c'est que je suis en train de faire un « rapport qui réclame tous mes instants, et je ne voudrais « pas quitter mon travail. Tenez, général, emmenez avec « vous Zambo; si c'est une affaire qu'il puisse faire, vous « la lui donnerez. Si cela me concerne exclusivement, il « reviendra avec votre voiture, et je me rendrai de suite « aux Tuileries. »

Le général Fleury et Zambo partirent de suite. Arrivé dans le salon où se tiennent les officiers de service, le général entra chez Napoléon, et sortit presque aussitôt en appelant Zambo. L'Empereur, en le voyant, lui donna une dépêche de M. de Persigny, ambassadeur à Londres, qui annonçait *qu'un réfugié arrivait à Paris pour assassiner Napoléon*. Zambo prit la dépêche et se disposait à se retirer, quand Napoléon lui dit : *Avez-vous des armes?* — Oui, Sire, répondit-il. — Tenez, en lui donnant 1,000 francs, allez, et vous rendrez compte à Piétri de ce que vous ferez.

Zambo se dirigea rue de la Paix, à l'hôtel Mirabeau, où le réfugié était descendu; il l'arrêta, le conduisit dans le cabinet de M. Piétri, qui l'interrogea, en lui faisant voir toute sa correspondance. A la suite de cet interrogatoire, — le réfugié fut conduit à la maison cellulaire de Mazas.

Le lendemain, *cet homme était mort.*

Nous dirons à nos lecteurs que, la veille au soir, — avant de quitter la préfecture de police, — *le réfugié et Zambo avaient bu ensemble une bouteille de vin.*

VI

Louis-Napoléon Bonaparte et miss Howard. — 8 millions enlevés. — Caisse fracturée. — La comtesse de Beauregard à Paris.

Par une soirée remplie de brouillards, comme on en voit souvent à Londres, se promenait un homme qui pouvait accuser 38 ans. — Boutonné jusqu'au cou, les yeux petits, jambes courtes, petits pieds, portant une canne plombée; tel était notre personnage.

Préoccupé qu'il était, il se heurte contre une dame jeune, jolie et fort élégamment mise. — « Pardon, Madame, dit avec un accent germanique le *fils de l'amiral Verhuel!* Quoi! à une heure déjà si avancée, toute seule.... » Et sans dire un mot de plus, il chemine en suivant la jeune dame jusqu'à *Oxford-street*. Arrivée à la porte de sa demeure, notre Anglaise, — car c'en était une, — sonne avec force. Un valet se présente, et aussitôt l'homme à l'accent tudesque entre sans façon immédiatement après elle. La dame croyait avoir eu affaire à un obligeant *policeman*, et elle le congédiait par un gracieux *thank you*, lorsque l'étranger lui dit : — « Je ne suis pas *policeman*...
« Je suis prince français, le neveu du grand homme... Je
« suis Napoléon. » — « *O! yes, yes, you*, Napoléon... chez moi! Bien contente, moi riche, marier, moi riche, marier, large fortune... » Dès ce jour, le conspirateur de

Strasbourg et de Boulogne, l'évadé de Ham, put donner signe de vie à ses complices de France, en leur envoyant de l'argent anglais. Malgré la parole jurée qu'il avait donnée au roi Louis-Philippe de ne plus fomenter de complots, il redoubla d'efforts auprès de ses partisans, séduits plutôt par le nom du vainqueur d'Austerlitz que confiants dans le mérite et les ressources du joueur heureux des *enfers de Pall Mall.*

Sans entrer dans des détails superflus, disons que quelques jours après la révolution de 1848, il venait offrir ses services au gouvernement républicain, qu'il devait tromper et étouffer quelque temps ensuite, et confisquer à son profit, comme fit le soldat du 18 brumaire, les libertés du peuple. Monsieur de Lamartine, tout-puissant auprès des masses, n'eut qu'à dire un seul mot, et l'aventurier éconduit dut repasser la Manche. Les élections arrivent, le vote populaire lui décerne le titre de *représentant.* Usurpateur d'un nom illustre, — qui ne fut jamais sien, — il avait exploité, avec autant d'audace que d'habileté, le nom de Napoléon, dont il se parait induement. Président de la République française, il s'installe à l'Elysée, où il rend à la fille d'Albion l'hospitalité qu'il en avait reçue à Londres. Ambitieux, il sut cacher ses dessins perfides, et comprenant l'urgence d'une alliance, il n'hésite pas à sacrifier sa bienfaitrice. Ordre fut donné à son chef de cabinet, M. Mocquard, de diriger *Miss Howard* sur le Havre. Logée à l'hôtel Frascati, elle apprit bientôt par le *Moniteur* que la signora *Théba,* fille *Montijo*, lui avait pris sa couronne d'impératrice des Français. Surprise par ce coup inattendu autant qu'indignée, Miss Howard fait chauffer exprès une locomotive, se rend immédiatement à Paris, rue du Cirque, n° 14, près de l'Elysée, où elle avait son hôtel.— Là, un spectacle imprévu l'attendait: meubles fracturés, argent pillé, linge, vêtements, papiers d'affaires et de famille enlevés ou abandonnés dans le plus profond désordre dans tout l'hôtel... Ce fut ainsi qu'elle retrouva son *chez-elle.* — Là malheureuse Miss Howard tomba évanouie sur le parquet de son appartement, et les épithètes de : *Misérable Napoléon!.. — Voleur! fripon! assassin! empoisonneur!...* furent entendues par maintes personnes de la bouche de Miss Howard... Elle resta alitée gravement. Lorsqu'elle se réveilla convalescente, après cet horrible guet-apens, on la salua de la part de l'aventurier impérial, du nom de *comtesse de Beauregard.*

VII

M. Collet-Meygret, sous-préfet, se cache dans une cave, devient secrétaire général de la préfecture de Paris, etc. — Indélicatesse et destitution déguisée. — Les livres de M. Mirès, tripotages de Bourse, vente des secrets de l'Etat. — Destitution définitive.

M. Collet-Meygret, qui a joué un certain rôle depuis 1848, a commencé par être secrétaire de M. Jarry, député. D'orléaniste qu'il était, il se fit républicain lors de la révolution de février : au 2 décembre 1851, il était sous-préfet à Bédarieux. Comme il était doué d'un grand couragé, aux premiers coups de fusil, il se cacha bel et bien dans la cave de M. Salmon, ingénieur, et resta coi deux jours et deux nuits. Dès que l'orage fut calmé, il sortit de sa cachette et fit un rapport emphatique sur les événements. Ce *factum* le fit nommer par Louis-Napoléon *secrétaire général de la préfecture de police de Paris*. Peu après, il fut appelé au poste de *directeur général de la sûreté publique de l'empire, de la librairie, de l'imprimerie et du colportage.*

Malheureusement pour lui, il commit certains actes que l'on peut définir du nom d'indélicats, et on fut, pour ce, obligé de le destituer. Comme fiche de consolation, on lui donna une recette générale.

La déconfiture du banquier Mirès étant arrivée, on trouva dans les livres de caisse de Mirès que M. Collet-Meygret avait émargé de ce banquier *une somme de 200,000 francs qu'il avait reçue pour vente et trafic de nouvelles télégraphiques et de secrets d'Etat.* On ne lui a pas pardonné cette fois là; il a été définitivement destitué.

VIII

Le prince Camerata, amoureux de l'Impératrice des Français.—Enlèvement.—Assassinat du prince.

Encore un crime commandé !

Dans un bal donné aux Tuileries, un jeune conseiller d'Etat, le prince Camerata, eut l'audace de declarer à la fille Montijo, devenue impératrice, qu'il l'aimait. A peine le jeune et malheureux prince avait-il fait cet imprudent aveu, qu'ordre lui était enjoint de quitter immédiatement le bal. Livré aux mains d'agents, il fut conduit chez lui... « Le lendemain, *le prince Camerata était trouvé bai-* « *gné dans son sang*, disait le *Moniteur*. »

Mensonge et exécration ! Le *Moniteur* mentait, car Zambo peut dire ce que l'on fit du prince dans la nuit même du bal !

Ce fait vrai rappelle exactement les meurtres de nuit, qui avaient lieu par ordre de l'infâme Lucrèce Borgia. L'histoire a flétri les crimes des Borgia ; elle saura attacher au pilori de l'histoire les forfaits commis... ailleurs.

www.ingramcontent.com/pod-product-compliance
Ingram Content Group UK Ltd.
Pitfield, Milton Keynes, MK11 3LW, UK
UKHW022205190726
13855UKWH00004B/1632

9 782013 184281